Inhaltsverzeichnis

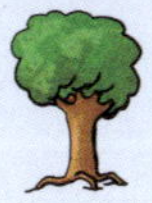

nachspuren,
schreiben, malen

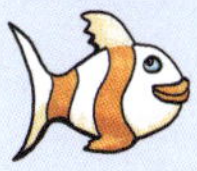

erkennen

hören

lesen

Feld zum Markieren erledigter Aufgaben

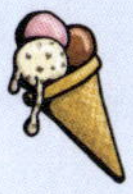

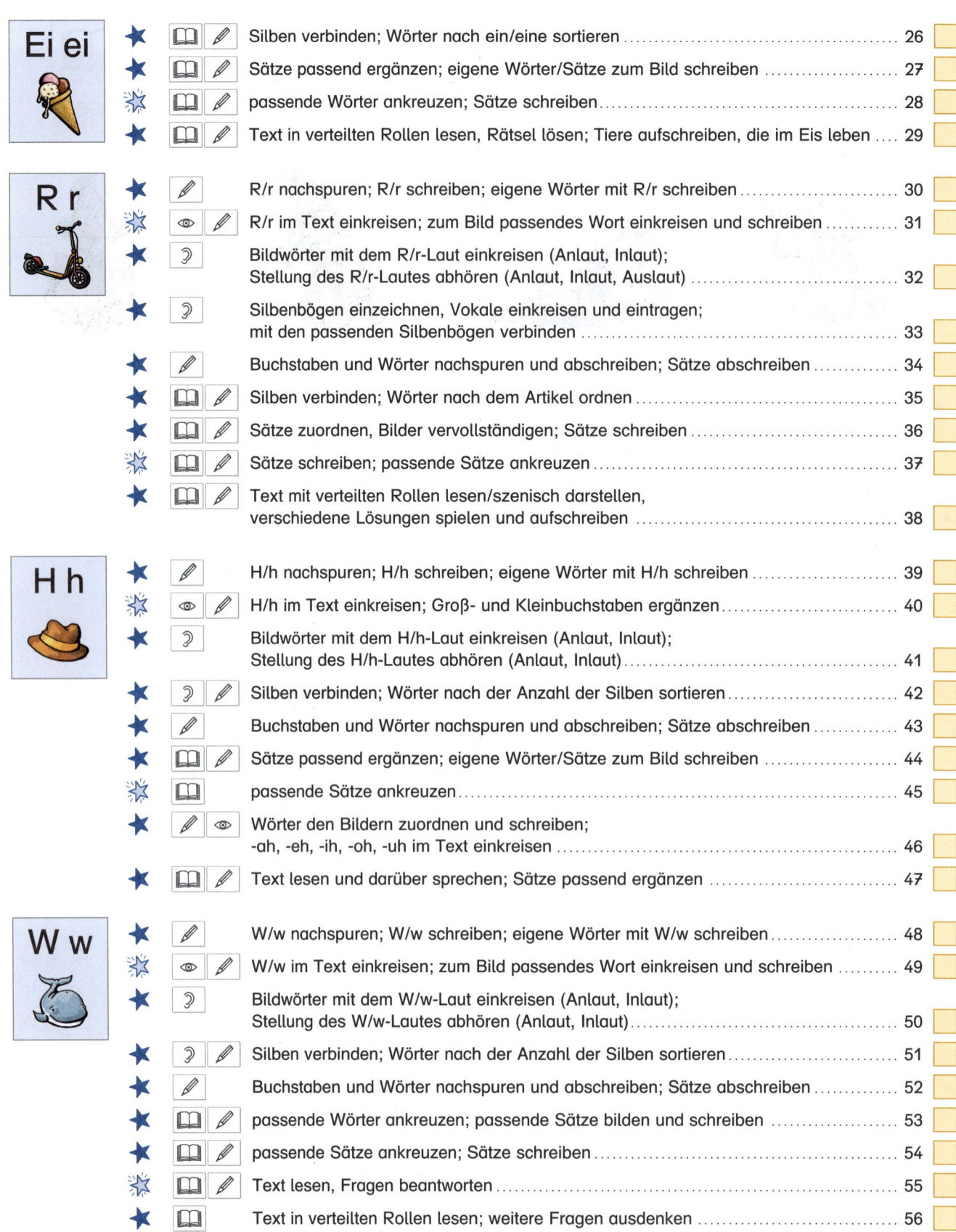

B b

1

2

3

B/b nachspuren; B/b schreiben;
eigene Wörter mit B/b schreiben

 3

1

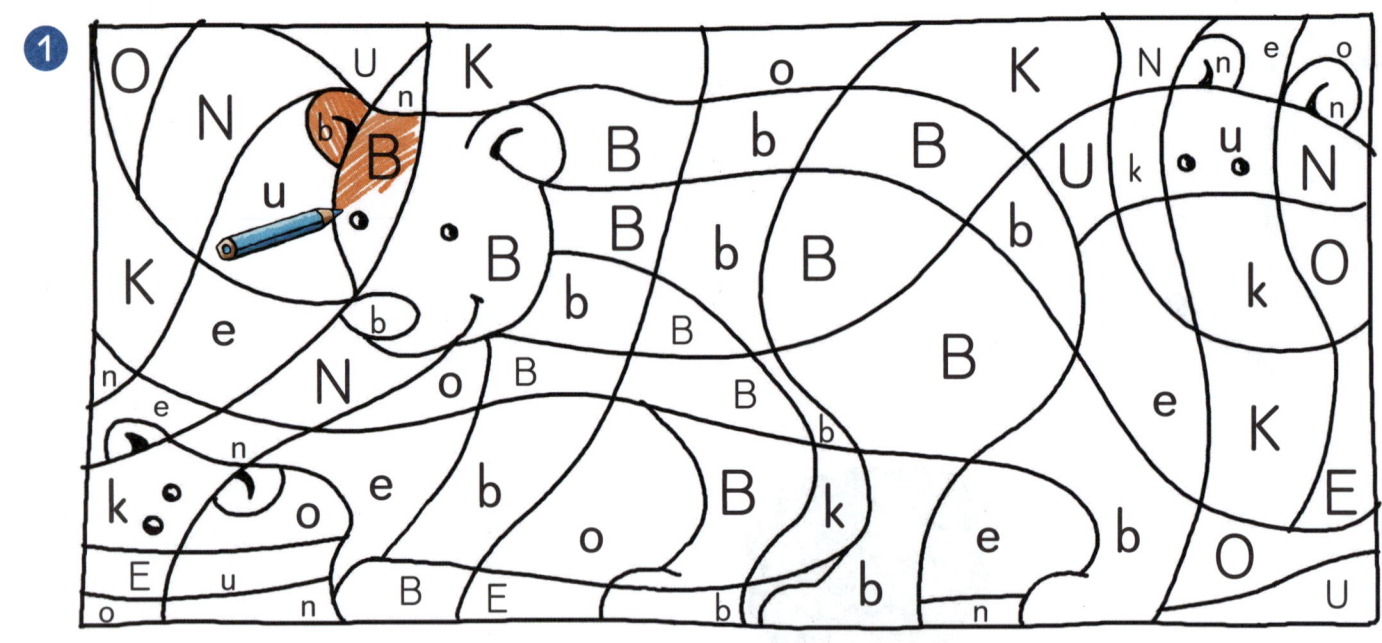

2

A	t
B	k
O	s
S	o
T	u
U	b
K	a

l	K
e	S
k	M
a	B
s	L
m	E
b	A

K	k
n	u
e	B
L	A
U	E
b	N
a	l

Blume

Felder mit B/b ausmalen;
Groß- und Kleinbuchstaben verbinden

B b

1

2

Bildwörter mit dem B/b-Laut einkreisen (Anlaut, Inlaut);
Stellung des B/b-Lautes abhören (Anlaut, Inlaut)

B b

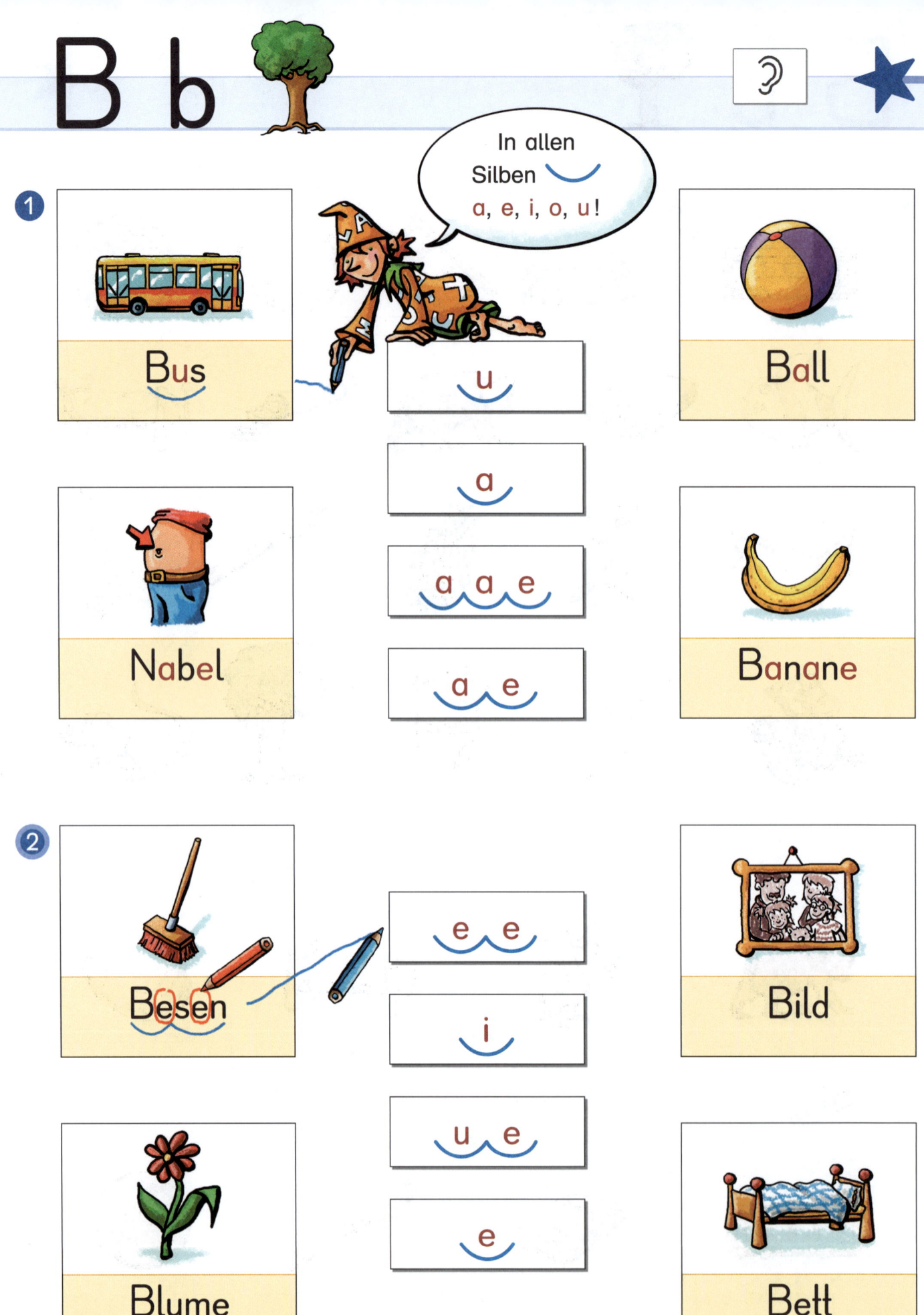

In allen Silben ⌣ a, e, i, o, u!

1

Bus — u

Ball

Nabel — a | a a e | a e

Banane

2

Besen — e e | i | u e | e

Bild

Blume

Bett

Silbenbögen einzeichnen, mit den passenden Silbenbögen verbinden; Vokale (Silbenkerne) einkreisen

B b

1

B b   B b

Bus   Bus

Bild   Bild

Blume   Blume

leben   leben

baden   baden

bunt   bunt

bis   bis

2

Es ist Abend.

Tobias ist im Bett.

Mama und Tobias lesen.

B	b
Blatt	toben
Besen	loben
Blume	bunt

Buchstaben und Wörter nachspuren und abschreiben;
Sätze abschreiben

B b

1
- 1 Imo bellt den Hasen an.
- 2 Mama und Papa lesen im Sessel.
- 3 Oma bekommt bunte Blumen.
- 4 Imo und Lisa toben im Bad.

2

Imo tobt m

Sätze zuordnen, Bilder vervollständigen;
Satz schreiben

B b

1

Tim beklebt	um Salami.
Papa badet	mit Imo.
Imo bettelt	im Bus.
Lisa ist	Dosen.

2

Tim

3

B b

1

| Nudel |
| Nadel |
| Pudel |

| Knall |
| Bett |
| Ball |

| Kabel |
| Nabel |
| Nebel |

| baden |
| laden |
| malen |

| toben |
| lesen |
| loben |

| kneten |
| leben |
| kleben |

2

Bus

Blu__e

Ne__el

B__tt

__anane

__all

B__d

Be__en

Bi__d

Reimpaare verbinden;
fehlende Buchstaben ergänzen

B b

1 **Anne bummelt**

Es ist Abend.
Anne soll ins Bett.
Anne bummelt.

Komm bitte, Anne!

Nun soll Anne baden.
Anne nimmt Benno mit.
Anne und Benno toben.
Alles ist nass.

Anne, alles ist nass!

Anne soll nun ins Bett.
Anne bummelt und bummelt.

Anne, nun ab ins Bett!

Lesepate:

2

Anne ist im Bett.

Text lesen;
mögliches Ende ausdenken, Sprechblase ergänzen

11

F f

1

F

Telefon

Familie

Feld

Fass

Sofa

Tafel

Foto

fallen

f

Fluss

Elefant elf

Affe

finden

2

F
F

f
f

3

F/f nachspuren; F/f schreiben;
eigene Wörter mit F/f schreiben

F f

1

Affen am Felsen

Lisa: Am Felsen sind Affen!

Lass uns Affen filmen!

Tim findet Lisas Idee toll.

Tim: Und nun?

Lisa: Da baden Elefanten.

Filme das mal!

Tim filmt Elefanten.

2

 SofaOmaFotoLolaFeld  Foto

 OfenTelefonMamaTafel

 DoseEselBananeElefant

OfenBlumeTal

F/f im Text einkreisen;
zum Bild passendes Wort einkreisen und schreiben

F f

Bildwörter mit dem F/f-Laut einkreisen (Anlaut, Inlaut, Auslaut);
Stellung des F/f-Lautes abhören (Anlaut, Inlaut, Auslaut)

F f

In allen Silben ⌣
a, e, i, o, u!

1

Fass — o o

Foto

Tafel

Feld

a

a e

e

2

Sofa — o a

Saft

Telefon

Faden

a

a e

e e o

Silbenbögen einzeichnen, mit den passenden Silbenbögen verbinden;
Vokale (Silbenkerne) einkreisen

F f

1 F f   F f

Foto   Foto

Familie   Familie

Saft   Saft

Telefon   Telefon

finden   finden

elf   elf

oft   oft

2

Lisa findet Filme toll.

Imo findet Salami toll.

Papa findet Mama toll.

Foto
Ofen
Nase
Elefant
Tasse
Esel

16

Buchstaben und Wörter nachspuren und abschreiben;
Sätze abschreiben

F f

Tasse ○	Elefant ○	Fels ○	falten ○
Telefon ✕	Elfe ○	Feld ○	finden ○
Taste ○	Esel ○	Fell ○	fallen ○

Fiona	filmt	am Telefon.
Lisa	findet	Elefanten.
Mama	ist	das Bild toll.

Fiona

F f

1

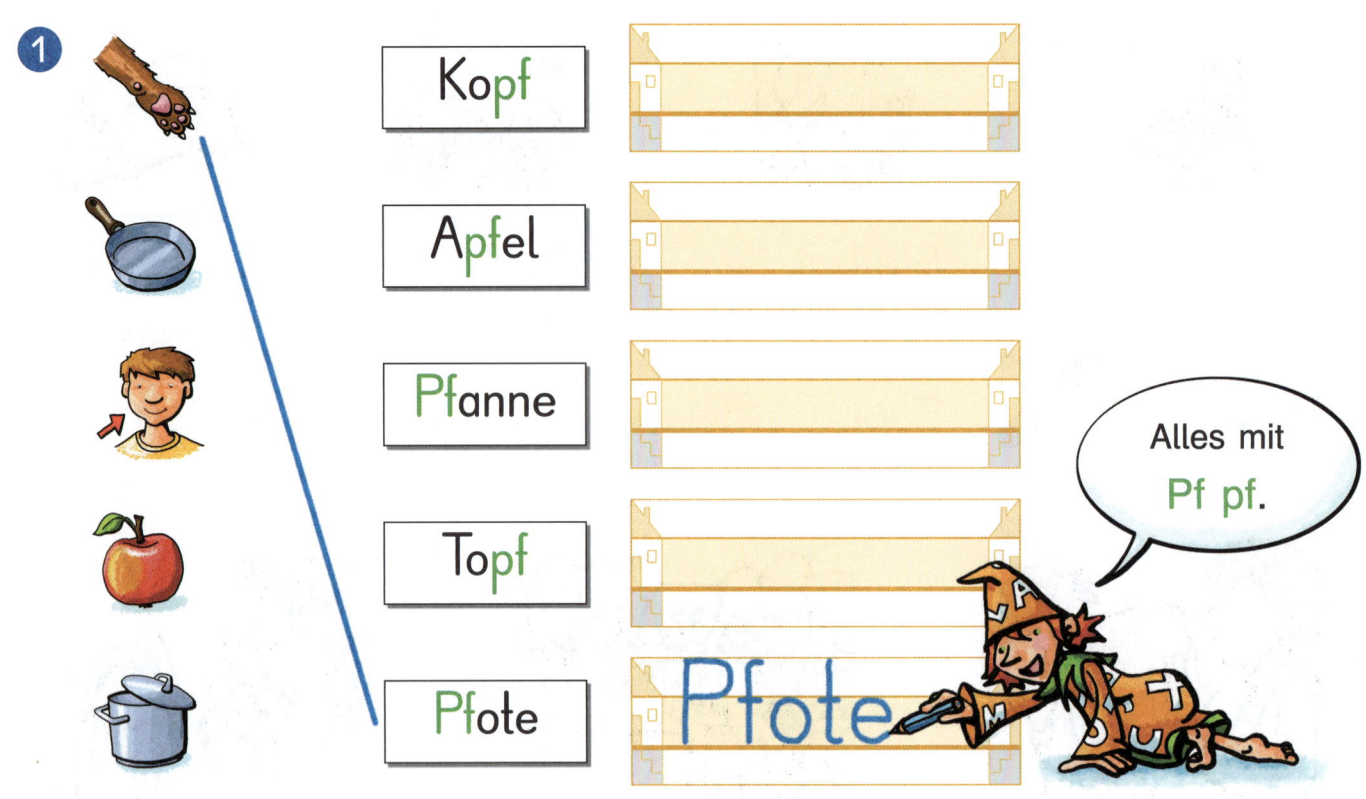

Kopf

Apfel

Pfanne

Topf

Pfote

Pfote

Alles mit Pf pf.

2

IMBISS

- Nudeltopf   3€
- Obstsalat   1€
- Apfelmus   1€

- Limo (mit Pfand)   2€
- Kakao (mit Pfand)   2€
- Apfelsaft (mit Pfand)   2€

Am Imbiss

Tim und Lisa sind am Imbiss.
Lisa bindet Imo am Pfosten fest.

Lisa nimmt den Nudeltopf.
Im Nudeltopf ist Salami.

Imo bellt und bettelt Lisa an.
Imos Pfoten sind nass.
Pfui, Imo! Lass das!

Suppe: 3€
Tomatensalat: 2€
Kekse: 1€
Kakao: 1€

18

Wörter den Bildern zuordnen und schreiben;
Pf/pf im Text einkreisen

F f

1

Elefant   Sof_   Ta_el

_eld   Telef_n   Fo_o

2

Lisa und Uli falten Omas alte Kiste. ○
Lisa und Uli fallen in Omas alte Kiste. ○
Lisa und Uli finden Omas alte Kiste. ⊗

In Omas Kiste sind Pfannen. ○
In Omas Kiste sind Fotos. ○
In Omas Kiste sind Telefone. ○

Es sind Fotos mit Elefanten. ○
Es sind Fotos mit Oma als Kind. ○
Es sind Fotos mit Fell. ○

fehlende Buchstaben ergänzen;
passende Sätze ankreuzen

F f

1 Fabian bastelt

Fabian bastelt.

Fabian faltet das Blatt.

Fabian bemalt das Blatt.

Opa soll es bekommen.

Ob Opa das Blatt toll findet?

**2 Dann beklebt Fabian

das Blatt mit alten Fotos.

Es sind Fotos mit Fabian,

Mama, Papa, Oma und Opa.**

Unten ist das Foto

mit _____ und dem Ball.

Daneben ist das Foto

mit _____ .

Oben ist das Foto

mit _____

und dem Boot.

Lesepate:

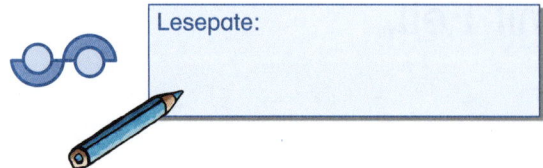

Text lesen und mit Hilfe der Bilder ergänzen

Ei ei

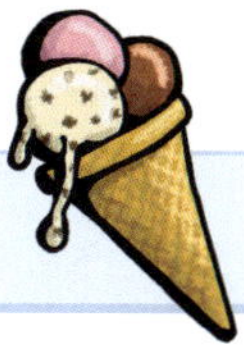

1

Pfeife

klein

Seite

Bein

Kleid

Eis

bleiben

Seife

Ameise

Ei

eins

ei

fein

teilen

leise

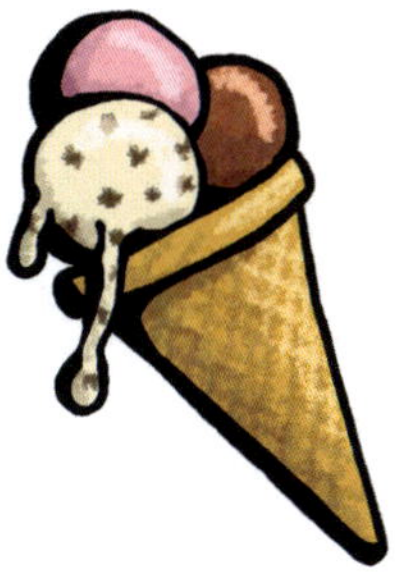

2

Ei   Ei

ei   ei

3

Ei ei

1

Ameisen im Eis

Tim und Lisa essen ein Eis.

Tim: Da sind Ameisen in meinem Eis!

Lisa: Kleine Ameisen, pfui!

Tim: Und in deinem Eis?

Lisa: In meinem Eis sind keine.

Tim: Lass uns dein Eis teilen!

Lisa: …

2

A	S	D	E	P	T	F	I	N	M	K	Ei	B
a												

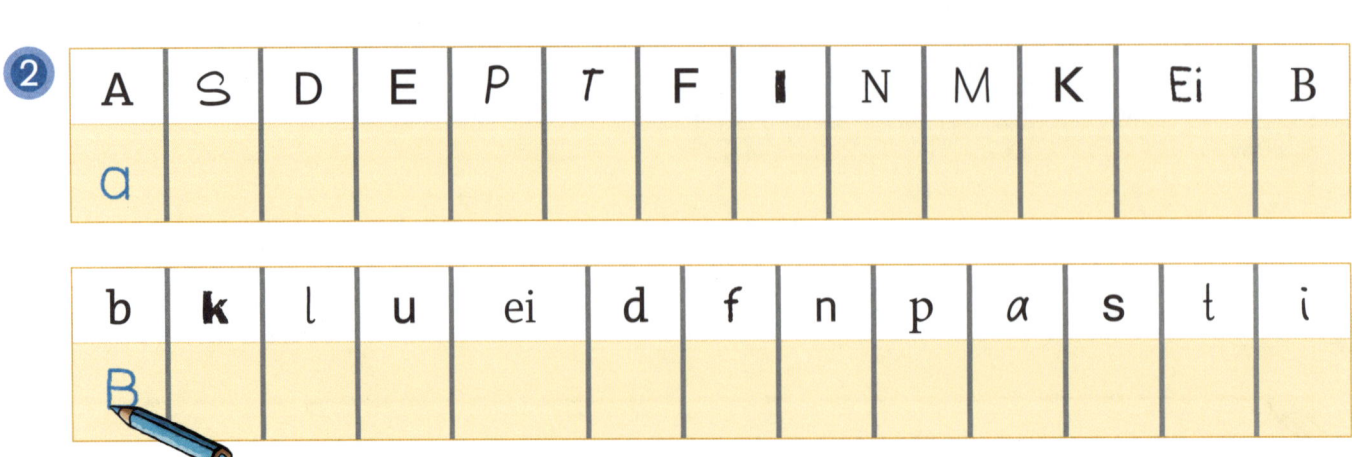

b	k	l	u	ei	d	f	n	p	a	s	t	i
B												

Ei ei

1

2

ei

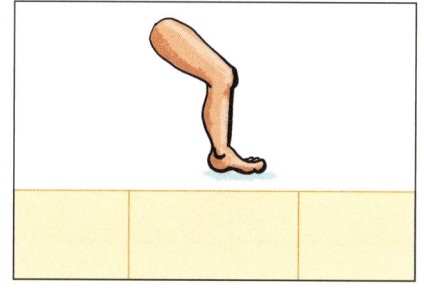

Seife

Bildwörter mit dem Ei/ei-Laut einkreisen (Anlaut, Inlaut, Auslaut);
Stellung des Ei/ei-Lautes abhören (Anlaut, Inlaut, Auslaut)

23

Ei ei

1

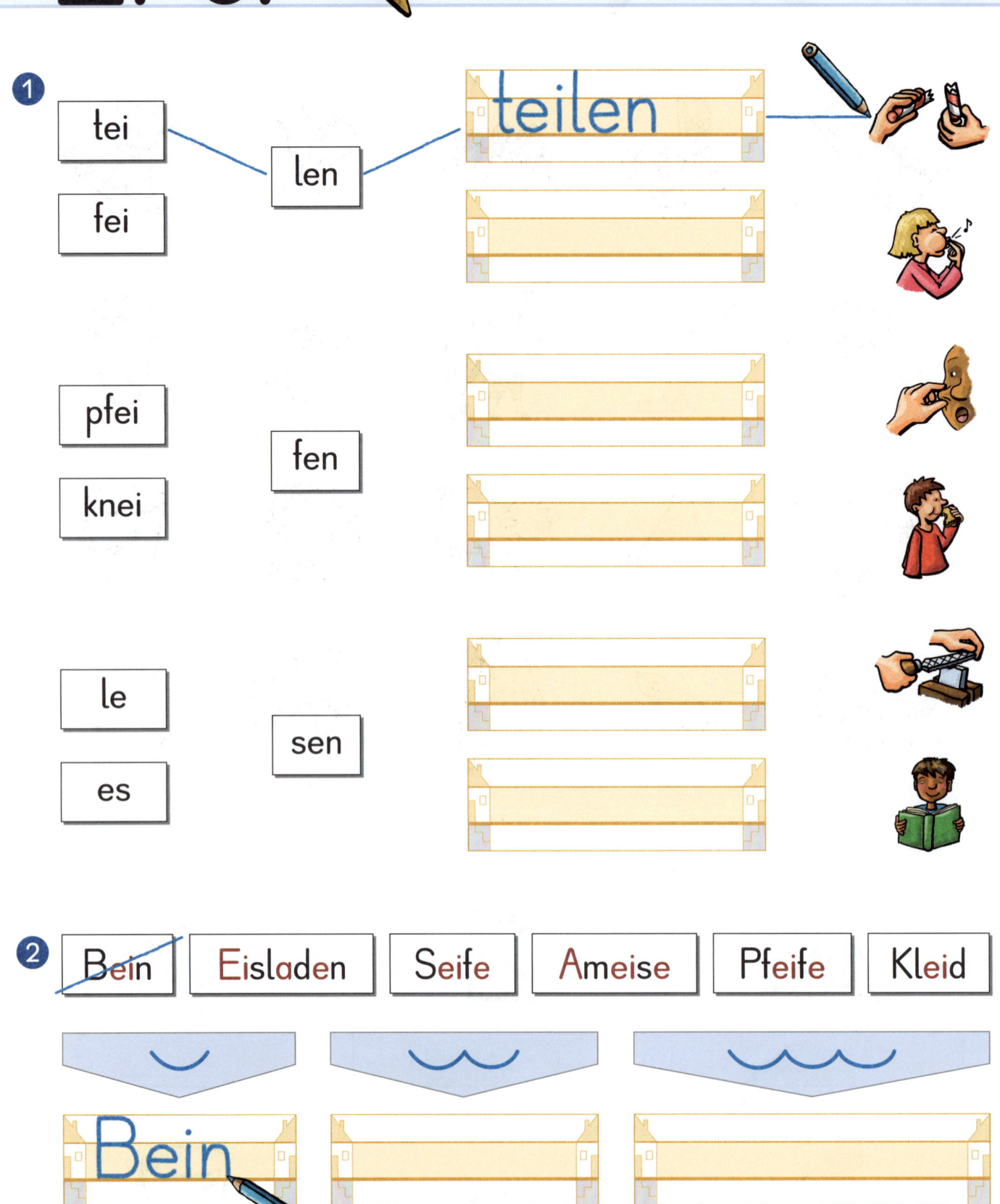

| tei | |
| fei | len | **teilen** |

| pfei | |
| knei | fen |

| le | |
| es | sen |

2 B̶e̶i̶n̶   Eisladen   Seife   Ameise   Pfeife   Kleid

⌣   ⌣⌣   ⌣⌣⌣

Bein

Ei ei

1

Ei ei

Eis

Kleid

Seife

bleiben

leise

nein

bei

2

Tim nimmt ein kleines Eis.

Mama nimmt kein Eis.

Papa nimmt einen Eistee.

SOL   Seil
BOn   Bei
nOn
ROse

Buchstaben und Wörter nachspuren und abschreiben;
Sätze abschreiben

25

Ei ei

1

S ei	fe
Pf	te
M	fe
S	se

Sei

2

~~Ei~~   Seife   Meise   Kleid

Bein   Pfeife   Eis   Seite

ein	eine
ein Ei	

Silben verbinden;
Wörter nach ein/eine sortieren

Ei ei

1 Das Nest

Lisa ist | im Eis | am Seil |.

Das Seil ist | an einem Ast | an einem Kleid |.

Neben dem Seil ist | eine Ameise | ein Nest |.

Im Nest sind | kleine Meisen | kleine Beine |.

Soll Lisa mit dem Seil pendeln?

2

Ei ei

1

ein **Keks** ○	ein **Pfeil** ○	eine **Seite** ○	eine **Meise** ○
ein **Kleid** ✕	eine **Feile** ○	ein **Seil** ○	eine **Meile** ○
ein **Keil** ○	eine **Pfeife** ○	eine **Seife** ○	eine **Ameise** ○

2 Im Eis sind kleine  .

Im Eis sind kleine Ameisen.

Tim kneift Uli ins .

> Am Ende ist ein .

Ali teilt sein mit Lea.

Dana findet eine  .

Lisas  ist bunt.

Ei ei

1 **Das ist ein ...**

Lisa: Das kann ein Mond sein.

Tim: Ein Mond? So ein Unsinn!

Ali: Das ist ein Ei.

Nina: Nein, das ist kein Ei.

Tim: Da ist Fell.

Ali: Und da ist Eis. Das sind Beine!

Nina: Es sind Beine mit Pfoten.

Tim: Das kann ein Pudel sein.

Lisa: Meinst du?

Leben Pudel im Eis?

Nein!

Das ist ein .

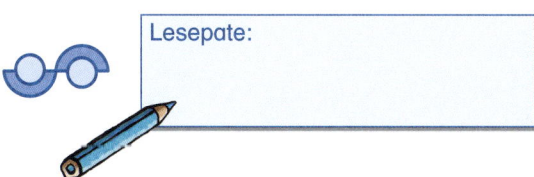
Lesepate:

2 **Im Eis leben:**

R r

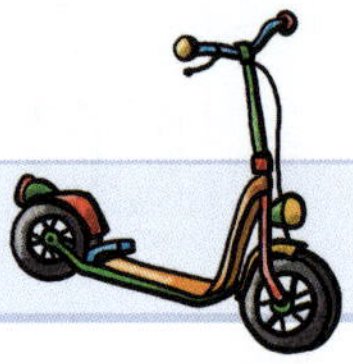

1

Rabe
Sommer
reisen
Roller
rufen
Radio 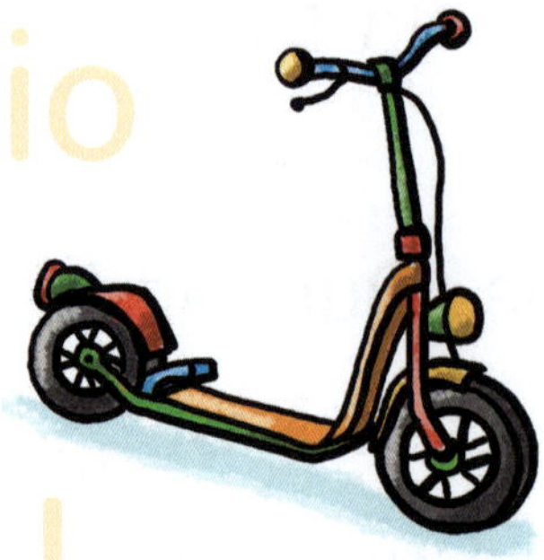
Arm
Mutter
Partner
Pferd
rot
arbeiten
Leiter
Eimer
reiten
Rad

2

3

R/r nachspuren; R/r schreiben;
eigene Wörter mit R/r schreiben

1

Rate mal!

Er ist kleiner als du. Rot kann er sein.

Aber er ist kein Kind. Reif muss er sein.

Er lebt am Ast. Rund ist er meist.

Maden sind seine Feinde.

Tipp: Du kannst den _____  essen.

Es ist rund.
Es ist klein und rot.
Es kann rollen.

Das ist …

2

 rosalilarotrundarm  _____

 RitterRaketeRadioRabe

 KameraRollerRadReiter

 PartnerLeiterReiseRose

R/r im Text einkreisen;
zum Bild passendes Wort einkreisen und schreiben

R r

1

2

R

Bildwörter mit dem R/r-Laut einkreisen (Anlaut, Inlaut);
Stellung des R/r-Lautes abhören (Anlaut, Inlaut, Auslaut)

R r

In allen Silben ⌣ ist immer ein Silbenkern: a, e, i, o, u oder ei!

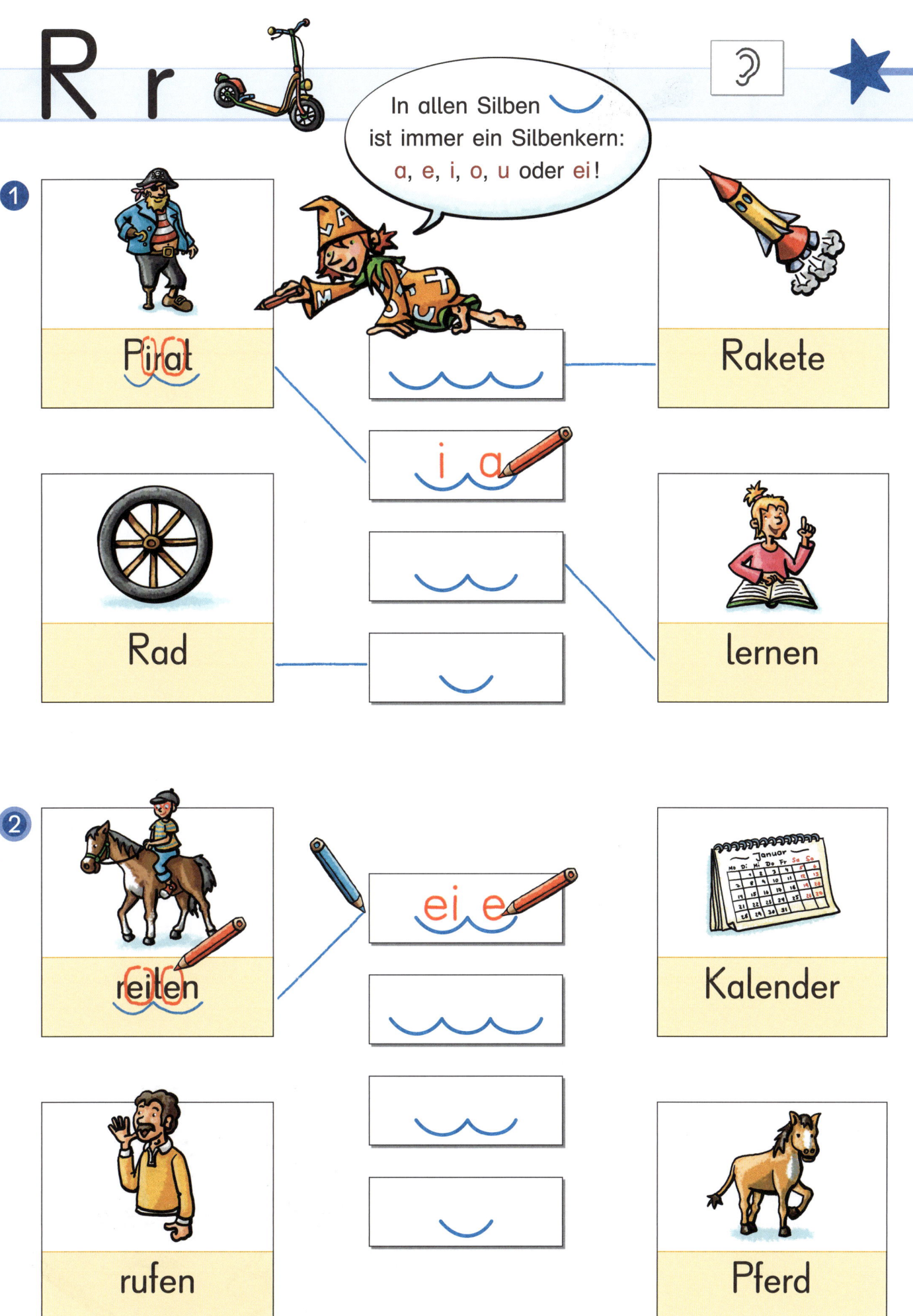

1

Pirat

Rakete

i a

Rad

lernen

2

reiten

ei e

Kalender

rufen

Pferd

Silbenbögen einzeichnen, Vokale einkreisen und eintragen;
mit den passenden Silbenbögen verbinden

R r

1

R r　　　　　　　　　　　　R r

Rabe　　　　　　　　　　Rabe

Bruder　　　　　　　　Bruder

Birne　　　　　　　　　Birne

rufen　　　　　　　　　rufen

lernen　　　　　　　　lernen

rot　　　　　　　　　　　rot

er　　　　　　　　　　　　er

2

Tim ist am Ball.
Er rennt ans Tor.
Tim trifft.

Birne

Buchstaben und Wörter nachspuren und abschreiben;
Sätze abschreiben

R r

Am Ende -er!

1

Bru

Fe

der

Bruder

Lei

Fens

ter

Rol

Tel

ler

2

~~Bruder~~ | Rad | Pferd | Roller | Rabe | Brot

der

der Bruder

das

Silben verbinden;
Wörter nach dem Artikel ordnen

35

R r

1 ☐1 Rubina ruft Ritter Roland.

☐2 Ein Monster ist im Fluss.

☐3 Roland nimmt ein rotes Seil und reitet los.

☐4 Roland fesselt das Monster.

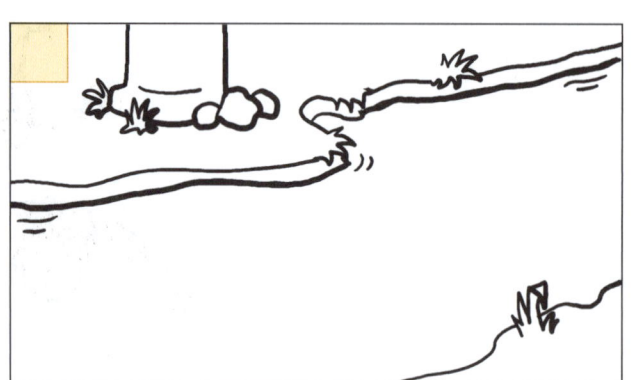

2

Papa r

Sätze zuordnen, Bilder vervollständigen;
Sätze schreiben

R r

1 Der  reitet ins Dorf.

Er nimmt mit.

Am trifft er Rubina.

2    Der Ritter reitet ein Pferd. ✗
   Der Ritter rettet das Pferd. ◯

   In seinem Arm ist das Pferd. ◯
   In seinem Arm sind Rosen. ◯

   Er kommt an ein Tor. ◯
   Er kommt an einen Turm. ◯

   Der Ritter ruft: „Rubina! Komm runter!" ◯
   Der Ritter ruft Rubina an. ◯

Sätze schreiben;
passende Sätze ankreuzen

R r

① Du bist selbst dumm!

Robin ist erst seit einem Monat in der Klasse.

Er ist kleiner als andere Kinder.

Keiner in der Klasse redet mit Robin.

Da kommt Nora.

Nora ruft: Du bist kleiner als mein Bruder!

Aber mein Bruder ist erst drei!

Robin meint: So ein Unsinn!

Nora ruft: Sei leise, du kleiner Dummi!

Robin ruft: Du bist selbst dumm!

Robin tritt Nora ans Bein.

Da kommt Ramin. Er ist in

Robins und Noras Klasse.

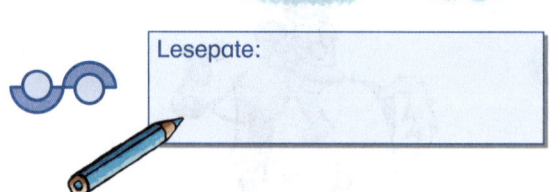

Lesepate:

② Ramin meint:

Text mit verteilten Rollen lesen / szenisch darstellen;
verschiedene Lösungen spielen und aufschreiben

H h

1

H

Haare helfen

Hase Hai

Hals

Hut

haben

Himmel

Hund hell

Hose

holen Hand

h

2

H   H

h   h

3

H/h nachspuren; H/h schreiben;
eigene Wörter mit H/h schreiben

39

H h

1

In der Turnhalle

Herr Hafer ist mit der Klasse in der Turnhalle.

Alle Kinder sollen eine Rolle lernen.

Der Boden in der Halle ist hart und kalt.

Deshalb holen Mia und Tim eine Matte.

Ramin hilft den beiden.

Lisa hat eine andere Idee.

2

B	F	E	K	U	T	M	P	D	H	A	R	Ei
b												

r	h	u	m	d	p	a	t	k	ei	e	b	l
R												

H/h im Text einkreisen;
Groß- und Kleinbuchstaben ergänzen

H h

1

2

H h

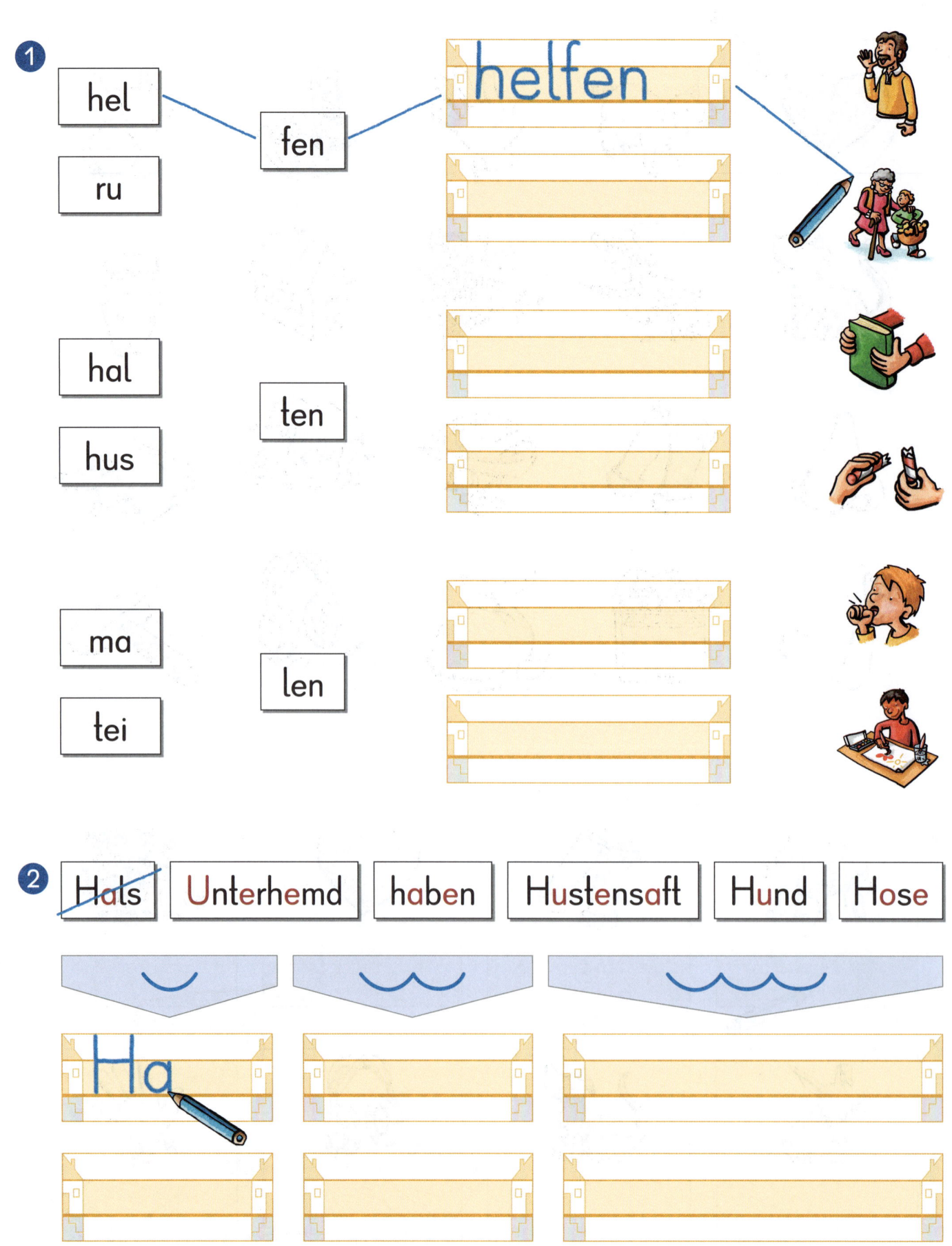

1

| hel | | helfen |
| ru | fen | |

| hal | | |
| hus | ten | |

| ma | | |
| tei | len | |

2 H͟a͟l͟s͟ Unterhemd haben Hustensaft Hund Hose

Ha

Silben verbinden;
Wörter nach der Anzahl der Silben sortieren

H h

1

H h

Hose

Hund

Hai

haben

holen

hinter

her

2

Mia holt Opa ab.
Opa ist oft alleine.
Mia nimmt Opas Hand.

Klassen-Lose

Male einen Hund.

Hilf einem anderen Kind

Hopple wie Hase

Buchstaben und Wörter nachspuren und abschreiben;
Sätze abschreiben

H h

① Lisa muss im Bett bleiben

Lisa muss oft | husten | ~~heiraten~~ .

Papa fasst | Lisas Topf | Lisas Kopf | an.

Abends bekommt Lisa | Eis | Tropfen | .

Unten | im Herd | im Hof | sind Tim und Uli.

Aber Lisa muss | im Bett | im Bad | bleiben.

Musstest du mal im Bett bleiben?

②

Sätze passend ergänzen;
eigene Wörter/Sätze zum Bild schreiben

1 So muss man einen Hamster halten

Hamster haben ein Fell. ○
Hamster haben Federn. ○

Hamster haben Flossen. ○
Hamster haben Pfoten. ○

Hamster fahren Motorrad. ○
Hamster rennen im Hamsterrad. ○

Hamster fressen Eis. ○
Hamster fressen Samen und Insekten. ○

Hamster klettern und rennen oft. ○
Hamster sehen oft Filme. ○

Hamster hamstern Hefte. ○
Hamster hamstern Futter. ○

passende Sätze ankreuzen

1

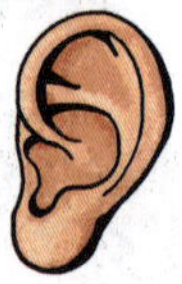

ein **Lehrer**

ein **Sohn**

eine **Kuh**

ein **Ohr**

eine **Fahne**

eine **Uhr**

ein

2 Im Hof

Um elf Uhr soll Tim bei Dana sein.

Tim kommt ohne Fahrradhelm.

Dana holt ihm ihren alten Helm.

Oh! Er hat ein Kuhmuster!

Tim dreht den Sattel runter.

Dana testet ihre Bremse.

Dann nehmen beide ihre Helme und fahren los.

Kreise ah, eh, ih, oh und uh ein.

Wörter den Bildern zuordnen und schreiben;
-ah, -eh, -ih, -oh, -uh im Text einkreisen

H h

❶ Hannas Helm

Hanna trifft Leo im Park.

Leo ist in der dritten Klasse.

Er hat ein rotes Fahrrad dabei.

Leo ruft: Du bist in der ersten Klasse, oder?

Darf man denn in der ersten Klasse Fahrrad fahren?

Hanna meint: Na klar!

Hanna nimmt ihren Helm

und rast mit Leos Fahrrad los.

Die erste Runde ist kein Problem.

Aber dann knallt Hanna an eine Laterne.

Hanna kippt mit dem Fahrrad um.

Leo rennt herbei.

Er ruft: Alles klar, Hanna?

Ist dein Kopf heil?

Sei froh, dein Helm ist toll.

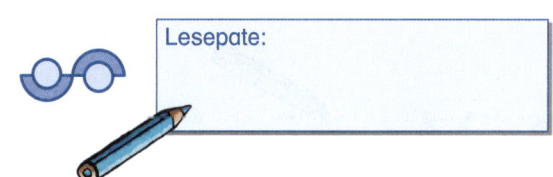

Lesepate:

❷ Hanna trifft Leo im  .

Hanna knallt an eine  .

Hanna hat einen  auf dem Kopf.

Text lesen und darüber sprechen;
Sätze passend ergänzen

47

W w

1

W

Wolf
Wald
weinen
wann
wollen
Wort
warten 
Wasser
Winter
Wind
wer
weit
was
warum
wo
Wolke

W

2

3

W/w nachspuren; W/w schreiben;
eigene Wörter mit W/w schreiben

W w

1

Was Kinder wissen wollen

Warum ist eine Banane krumm?

Warum hat ein Wurm keine Beine?

Wo ist das Ende der Welt?

Wohin wandert der Mond?

Wo kommen Wolken her?

Warum ist es im Winter kalt?

2

 WurmwerWalwannWelle

 WurmWindelWolfwaswo

 WolleWolkeBadewanne

W w

1

2

Bildwörter mit dem W/w-Laut einkreisen (Anlaut, Inlaut);
Stellung des W/w-Lautes abhören (Anlaut, Inlaut)

W w

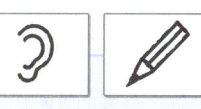 

1

wer		
	fen	**werfen**
ru		

wip		
	pen	
hu		

wei		
	nen	
ren		

2

Wal	Wolke	antworten	Winter	Wanderer	Wort

⌣   ⌣⌣   ⌣⌣⌣

Wal

W w

1

W w   W w

Wind   Wind

Wolke   Wolke

Wasser   Wasser

wollen   wollen

warten   warten

weit   weit

wir   wir

2

Mia will alles wissen.

Woher kommt der Wind?

Was fressen Wale?

Buchstaben und Wörter nachspuren und abschreiben;
Sätze abschreiben

W w

1

Wald ○	Wasser ○	Wand ○	Wurm ○
Welt ○	Welle ○	Wippe ○	Windel ○
Wolke ✕	Wolle ○	Wind ○	Wal ○

2

Wanda	wandert	eine Wurst.
Opa	will	eine Windel.
Imo	hat	im Wald.

3

W

W w

1

| Wo leben Wale? | Wale leben im Wasser. ✗ |
| | Wale leben im Wald. ◯ |

| Was kann ein Kind? | Ein Kind kann Motorrad fahren. ◯ |
| | Ein Kind kann Fahrrad fahren. ◯ |

| Was fressen Hasen? | Hasen fressen Kekse. ◯ |
| | Hasen fressen Salat. ◯ |

| Wer kann bellen? | Eine Ameise kann bellen. ◯ |
| | Ein Hund kann bellen. ◯ |

2 Was kann ein Hund?

Wuff, wuff.

Ein Hund kann

Was kann ein Kind?

Ein Kind kann

54

passende Sätze ankreuzen;
Sätze schreiben

W w

❶ Wale

In allen Meeren der Welt leben Wale.

Ihr Futter finden Wale im Wasser.

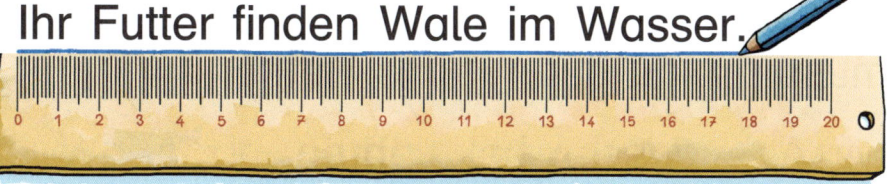

Ein Wal hat keine Arme und Beine.

Aber er hat Flossen.

Wale bekommen ihre Kinder unter Wasser.

Delfine sind ebenfalls Wale.

Delfine leben im Meer oder im Fluss.

❷ Wo finden Wale ihr Futter?

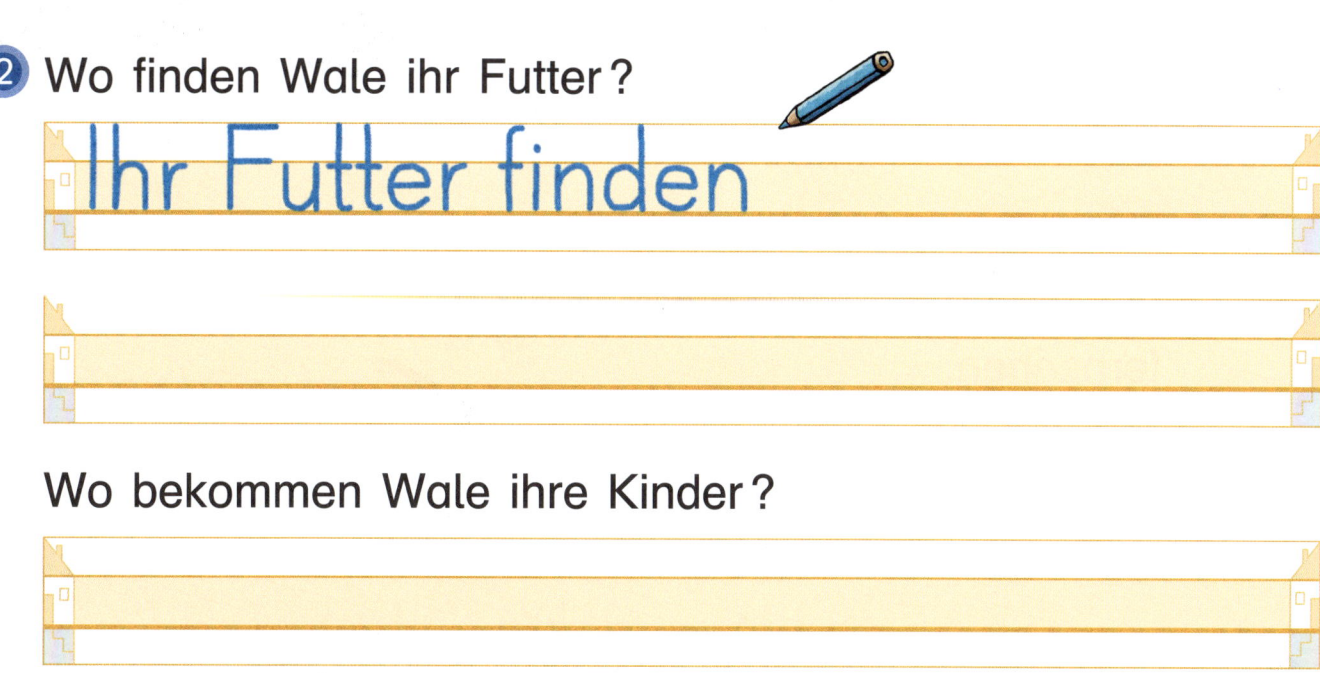

Ihr Futter finden

Wo bekommen Wale ihre Kinder?

W w

1 **Tim will alles wissen**

Tim: Opa, warst du mal klein?

Opa: Na und ob!

Tim: Opa, wann musstest du abends ins Bett?

Opa: Erst haben wir Abendessen bekommen.
Dann mussten wir baden und dann ins Bett.

Tim: Und wann hast du
dein erstes Fahrrad bekommen?

Opa: Mit elf.

Tim: Als du klein warst,
hattest du da einen Hund?

Opa: Nein, leider durften wir
keinen haben.

Tim: Opa, durftest du fernsehen, wann du wolltest?

Opa: Nein. Damals durften wir
nur mit unseren Eltern
fernsehen.

Oma, wann …?

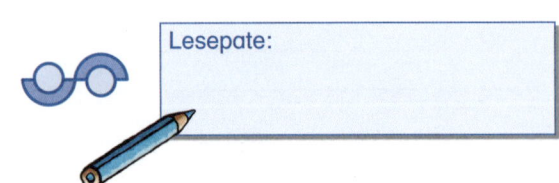

Lesepate:

2 Tim: Opa, als du klein warst,

Text in verteilten Rollen lesen;
weitere Fragen ausdenken